目　录

2018 年北京市中考语文真题

阅读《出师表》（节选），完成下列各题。

侍中、侍郎郭攸之、费祎、董允等，此皆良实，志虑忠纯，是以先帝简拔以遗陛下。愚以为宫中之事，事无大小，悉以咨之，然后施行，必能裨补阙漏，有所广益。

将军向宠，性行淑均，晓畅军事，试用于昔日，先帝称之曰能，是以众议举宠为督。【甲】愚以为营中之事，悉以咨之，必能使行阵和睦，优劣得所。

亲贤臣，远小人，此先汉所以兴隆也；亲小人，远贤臣，此后汉所以倾颓也。【乙】先帝在时，每与臣论此事，未尝不叹息痛恨于桓、灵也。侍中、尚书、长史、参军，此悉贞良死节之臣，愿陛下亲之信之，则汉室之隆，可计日而待也。

臣本布衣，躬耕于南阳，苟全性命于乱世，不求闻达于诸侯。先帝不以臣卑鄙，猥自枉屈，三顾臣于草庐之中，咨臣以当世之事，由是感激，遂许先帝以驱驰。【丙】后值倾覆，受任于败军之际，奉命于危难之间，尔来二十有一年矣。

先帝知臣谨慎，故临崩寄臣以大事也。受命以来，夙夜忧叹，恐托付不效，以伤先帝之明，故五月渡泸，深入不毛。今南方已定，兵甲已足，当奖率三军，北定中原，庶竭驽钝，攘除奸凶，兴复汉室，还于旧都。此臣所以报先帝，而忠陛下之职分也。至于斟酌损益，进尽忠言，则攸之、祎、允之任也。

愿陛下托臣以讨贼兴复之效；不效，则治臣之罪，以告先帝之灵。若无兴德之言，则责攸之、祎、允等之慢，以彰其咎。

1

陛下亦宜自谋，以咨诹善道，察纳雅言，深追先帝遗诏。臣不胜受恩感激。今当远离，临表涕零，不知所言。

1. 下列选项各有两组词语，每组词语中加点字的意思都相同的一项是（　　）（2分）

    A. 有所广益／精益求精　　　计日而待／不计其数

    B. 不求闻达／知书达理　　　由是感激／实事求是

    C. 夙夜忧叹／忧心如焚　　　庶竭驽钝／尽心竭力

    D. 察纳雅言／温文尔雅　　　临表涕零／涕泪交流

2. 翻译文中三处画线语句，并依据上下文对其作出进一步理解，全都正确的一项是（　　）（2分）

【甲】愚以为营中之事，悉以咨之，必能使行阵和睦，优劣得所。

翻译：我认为军营中的事情，都要征询他的意见，就一定能使军队上下团结和睦，品行高低不同的人各有合适的安排。

理解：请葛亮之所以推荐向宠是因为向宠人品好，军事才干突出，深得刘备赞誉。

【乙】先帝在时，每与臣论此事，未尝不叹息痛恨于桓、灵也。

翻译：先帝在世的时候，每次跟我谈论起这些事情，都会为桓帝、灵帝二位君主深深叹息，并对他们感到痛心和遗憾。

理解：刘备痛心和遗憾的原因是桓、灵二帝亲近小人，疏远贤臣，造成了东汉的衰败灭亡。

【丙】后值倾覆，受任于败军之际，奉命于危难之间，尔来二十有一年矣。

翻译：后来遇到兵败，在战事失败的时候我接受了重任，在危难关头我受到委任，至今已有二十一年了。

理解：诸葛亮于"倾覆"时接受任务，是为了报答刘备三顾茅庐和临终托付大事的恩情。

3. 为国尽忠是中华传统美德。请你根据上文和下面的两则链接材料，概括说明为国尽忠在诸葛亮、魏征、岳飞身上分别是如何体现的。（4分）

链接材料一

太宗①新即位，励精政道，数引征②入卧内，访以得失。征雅③有经国之才，性又抗直，无所屈挠。太宗与之言，未尝不欣然纳受。征亦喜逢知已之主，思竭其用，知无不言。太宗尝劳④之曰："卿所陈谏，前后二百余事，非卿至诚奉国，何能若是？"其年，迁尚书左丞。

（选自《旧唐书·魏征传》）

链接材料二

嗣⑤当激厉士卒，北逾沙漠，尽屠夷种。迎二圣⑥归京阙，取故地上版图，朝廷无虞⑦，主上奠枕⑧，余⑨之愿也。

（选自岳飞《五岳祠盟记》）

[注] ①太宗：李世民，唐代皇帝。②征：魏征，唐初政治家。③雅：平日，向来。④劳：慰劳。⑤嗣：随后，接下来。⑥二圣：指被金兵俘虏北去的宋徽宗和宋钦宗。⑦虞：忧虑，忧患。⑧奠枕：安枕。⑨余：指岳飞。

答：＿＿＿＿＿＿＿＿＿＿＿＿＿＿＿＿＿＿＿

＿＿＿＿＿＿＿＿＿＿＿＿＿＿＿＿＿＿＿＿

阅读下面两则文言文，完成下列各题。

甲

若夫淫雨霏霏，连月不开，阴风怒号，浊浪排空，日星隐曜，山岳潜形，商旅不行，樯倾楫摧，薄暮冥冥，虎啸猿啼。登斯楼也，则有去国怀乡，忧谗畏讥，满目萧然，感极而悲者矣。

至若春和景明，波澜不惊，上下天光，一碧万顷，沙鸥翔集，锦鳞游泳，岸芷汀兰，郁郁青青。而或长烟一空，皓月千里，浮光跃金，静影沉璧，渔歌互答，此乐何极！登斯楼也，则有心旷神怡，宠辱偕忘，把酒临风，其喜洋洋者矣。

嗟夫！予尝求古仁人之心，或异二者之为，何哉？不以物喜，不以己悲，居庙堂之高则忧其民，处江湖之远则忧其君。是进亦忧，退亦忧。然则何时而乐耶？其必曰"先天下之忧而忧，后天下之乐而乐"乎！噫！微斯人，吾谁与归？

（选自范仲淹《岳阳楼记》）

乙

孟子谓宋句践①曰："子好游②乎？吾语子游。人知之，亦嚣嚣③；人不知，亦嚣嚣。"曰："何如斯可以嚣嚣矣？"曰："尊德乐义，则可以嚣嚣矣。故士穷不失义，达不离道。穷不失义，故士得己④焉。达不离道，故民不失望焉。古之人，得志，泽加于民；不得志，修身见于世。穷则独善其身，达则兼善天下。"

（选自《孟子·尽心上》）

[注] ①宋句践：古人名。②游：指游说。③嚣嚣：安详自得的样子。④得己：自得。

1.解释下面加点的字（4分）

　　（1）薄暮冥冥_____　　（2）去国怀乡_____

　　（3）吾语子游_____　　（4）人知之，亦嚣嚣_____

2.下列加点字的用法不相同的一项是（　　）（2分）

　　A. 居庙堂之高则忧其民　　　穷则独善其身

　　B. 予尝求古仁人之心　　　　人知之，亦嚣嚣

　　C. 处江湖之远则忧其君　　　达则兼善天下

　　D. 其喜洋洋者矣　　　　　　尊德乐义，则可以嚣嚣矣

3.翻译下列句子。（4分）

　　（1）登斯楼也，则有心旷神怡，宠辱偕忘。（2分）

_____

　　（2）故士穷不失义，达不离道。（2分）

_____

4. 王国维说："一切景语皆情语也。"选文《岳阳楼记》中，第一段通过描绘"_____"，表现出远谪的悲苦、郁闷之情；第二段则通过描绘"洞庭春晴图"，表现出_____之情。（4分）

_____

5. "天下观"是古圣贤之道。《礼记》曰："大道之行也，天下为公。"结合两篇选文，谈谈范仲淹和孟子的"天下观"分别是什么？（4分）

答：_____

_____

_____

_____

_____

_____

阅读《曹刿论战》，完成下列各题。

曹刿论战
《左 传》

十年春，齐师伐我。公将战，曹刿请见。其乡人曰："肉食者谋之，又何间焉？"刿曰："肉食者鄙，未能远谋。"乃入见。问："何以战？"公曰："衣食所安，弗敢专也，必以分人。"对曰："小惠未遍，民弗从也。"公曰："牺牲玉帛，弗敢加也，必以信。"对曰："小信未孚，神弗福也。"公曰："小大之狱，虽不能察，必以情。"对曰："【甲】忠之属也。可以一战。战则请从。"

公与之乘，战于长勺。公将鼓之。刿曰："未可。"齐人三鼓。刿曰："可矣。"齐师败绩。公将驰之。刿曰："未可。"下视其辙，登轼而望之，曰："可矣。"遂逐齐师。

既克，公问其故。对曰："夫战，勇气也。一鼓作气，再而衰，三而竭。彼竭我盈，故克之。夫大国，难测也，惧有伏焉。【乙】吾视其辙乱，望其旗靡，故逐之。"

1.下列选项中加点字的意思都相同的一项是（　　　）（2分）

　　A.曹刿请见　　见多识广　　见义勇为　　各抒己见

　　B.小信未孚　　言而有信　　杳无音信　　信手拈来

　　C.公与之乘　　乘风破浪　　乘虚而入　　乘兴而来

D. 遂逐齐师　出师未捷　百万雄师　仁义之师

2. 翻译文中两处画线语句，并依据上下文对其作出进一步理解，全都正确的一项是（　　　）（2分）

【甲】忠之属也。可以一战。

翻译：（这）是尽职分之类的事情。可凭借（这个条件）打一仗。

理解：曹刿认为鲁庄公能够公正处理百姓的诉讼事件，与"小惠"和"小信"相比，更能赢得百姓的信任，具备了迎战的条件。

【乙】吾视其辙乱，望其旗靡，故逐之。

翻译：我发现他们的车印混乱，军旗也倒下了，所以才下令追击他们。

理解：曹刿能敏锐地观察战场形势的变化，他根据"辙乱""旗靡"判断齐师撤走了伏兵，认为可以追击敌人了。

3. "位卑未敢忘忧国"的意思是虽然身份低微，仍然不忘担忧国事。曹刿一介平民，在国家危难之际，挺身而出，为国解忧。阅读下面两则材料，简要说明"位卑未敢忘忧国"的精神在弦高和卜式身上是如何体现的。（4分）

材料一

秦穆公兴兵袭①郑，过周而东。郑贾人②弦高将西贩牛，道遇秦师于周、郑之间，乃矫③郑伯之命，犒④以十二牛，宾⑤秦师而却之⑥，以存郑国。

（选自《淮南子·氾论训》）

材料二

时汉方事⑦匈奴，式⑧上书，愿输⑨家财半助边⑩。上使使问式："欲为官乎？"式曰："自小牧羊，不习仕宦，不愿也。"

使者曰："子何欲？"式曰："天子诛匈奴，愚以为贤者宜死节，有财者宜输之，如此而匈奴可灭也。"

（选自《汉书·公孙弘卜式兒宽传》）

[注]①袭：偷袭。②贾人：商人，在当时社会地位不高。③矫：假托。④犒：犒劳。⑤宾：以客礼对待。⑥却之：使秦军撤退。⑦事：这里指抵抗。⑧式：卜式。人名。⑨输：交纳。⑩边：边防。

答：_____

_____

_____

_____

_____

_____

阅读下面的文言文，完成下列各题。

马 说

韩 愈

世有伯乐，然后有千里马。千里马常有，而伯乐不常有。故虽有名马，祗辱于奴隶人之手，骈死于槽枥之间，不以千里称也。

马之千里者，一食或尽粟一石。食马者不知其能千里而食也。是马也，虽有千里之能，食不饱，力不足，才美不外见，且欲与常马等不可得，安求其能千里也？

策之不以其道，食之不能尽其材，鸣之而不能通其意，执策而临之，曰："天下无马！"呜呼！其真无马邪？其真不知马也！

1. 下列句中加点字的意思相同的一项是（　　　）（2分）

    A. 故虽有名马　　　　　　　山不在高，有仙则名

    B. 一食或尽粟一石　　　　　食之不能尽其材

    C. 策之不以其道　　　　　　不得志，独行其道

    D. 执策而临之　　　　　　　把酒临风

2. 用现代汉语翻译下面的句子。（4分）

（1）且欲与常马等不可得。安求其能千里也？（2分）

（2）其真无马邪？其真不知马也！（2分）

_____

3. 下列对文章理解与分析正确的一项是（　　　）（2分）

　A. 文章首句"世有伯乐，然后有千里马"，点出了千里马与伯乐之间的关系，说明了伯乐对千里马的重要性。

　B. 千里马"才美不外见"的根本原因是它先天就"力不足"，所以只能"骈死于槽枥之间"。

　C."鸣之而不能通其意"，一个"鸣"字写尽了千里马的无奈和悲愤，充分表现了它对"食马者"的鄙视与反抗。

　D. 本文以"说"这种体裁记叙了千里马日行千里的故事，表达了作者对千里马的同情。

4. 选文和下面链接材料都围绕人才问题发表了看法，请说出两文作者的看法有何异同。（4分）

链接材料

辛未闰四月即事（节选）
张九成①

如闻失一士②，每食不下咽。

人才何其鲜③，求一于百千。

岂独今世欤，自古皆已然。

[注]①张九成：南宋人，曾任礼部侍郎兼刑部侍郎等官职。②士：指人才。③鲜：读作 xiǎn。

答：

_____

_____

11

阅读《桃花源记》，完成下列各题。

桃花源记

陶渊明

晋太元中，武陵人捕鱼为业。缘溪行，忘路之远近。忽逢桃花林，夹岸数百步，中无杂树，芳草鲜美，落英缤纷。渔人甚异之，复前行，欲穷其林。

林尽水源，便得一山，山有小口，仿佛若有光。便舍船，从口入。初极狭，才通人。复行数十步，豁然开朗。土地平旷，屋舍俨然，有良田、美池、桑竹之属。阡陌交通，鸡犬相闻。其中往来种作，男女衣着，悉如外人。黄发垂髫，并怡然自乐。

见渔人，乃大惊，问所从来。具答之。便要还家，设酒杀鸡作食。村中闻有此人，咸来问讯。自云先世避秦时乱，率妻子邑人来此绝境，不复出焉，遂与外人间隔。问今是何世，乃不知有汉，无论魏晋。此人一一为具言所闻，皆叹惋。余人各复延至其家，皆出酒食。停数日，辞去。此中人语云："不足为外人道也。"

既出，得其船，便扶向路，处处志之。及郡下，诣太守，说如此。太守即遣人随其往，寻向所志，遂迷，不复得路。

南阳刘子骥，高尚士也，闻之，欣然规往。未果，寻病终。后遂无问津者。

1. 下列句中加点字意思相同的一项是（   ）（2分）

   A. 便舍船　　　　　屋舍俨然

   B. 寻向所志　　　　便扶向路

   C. 桑竹之属　　　　属予作文以记之

   D. 不足为外人道也　为坻，为屿，为堪，为岩

2. 用现代汉语翻译下面的句子。（4分）

   （1）阡陌交通，鸡犬相闻。（2分）

   _____

   （2）问今是何世，乃不知有汉，无论魏晋。（2分）

   _____

3. 下列对文章内容和写法分析不当的一项是（   ）（2分）

   A. 文章以渔人行踪为线索，叙述了发现桃源、做客桃源、离开桃源、再访桃源的过程。

   B. 文章第三段描述桃源人招待客人的细节，突出桃源人真诚淳朴、热情好客的民风。

   C. 文章结尾写刘子骥"欣然规往"，由此可以看出，本文记述的是一个真实的故事。

   D. 文章描述了一个世外桃源，寄托了作者的政治理想，也暗含对黑暗现实的批判。

4. 选文中的桃源人与下面链接材料中的滁人都过上了安居乐业、丰衣足食的生活，但其形成的原因各有不同，试简述。（4分）

   链接材料

   滁①于五代干戈之际，用武之地也。……自唐失其政，海内分裂，豪杰并起而争……今②滁介江淮之间……民生不见外

事，而安于畎亩衣食，以乐生送死③。而孰知上④之功德，休养生息，涵煦⑤于百年之深也。

（选自欧阳修《丰乐亭记》）

［注］①滁：滁州。②今：北宋。北宋结束了唐末到五代的战乱。③乐生送死：百姓活着时能快乐地生活，去世后能得到好的安葬。④上：皇上。⑤涵煦：滋润化育。

答：_____

_____

_____

_____

_____

_____

阅读《陋室铭》，完成下列各题。

陋室铭

　　山不在高，有仙则名。水不在深，有龙则灵。斯是陋室，惟吾德馨。苔痕上阶绿，草色入帘青。谈笑有鸿儒，往来无白丁。可以调素琴，阅金经。无丝竹之乱耳，无案牍之劳形。南阳诸葛庐，西蜀子云亭。孔子云：何陋之有？

1. 本文作者是唐朝文学家_____（人名）（1分）。

2. 下面句子中加点字的解释，不正确的一项是（　　　）（2分）

　　A. 有仙则名（名称，名字）　　B. 有龙则灵（神异）

　　C. 斯是陋室（这）　　D. 无案牍之劳形（形体、躯体）

3. 根据文章内容，在下面横线上填写相应内容。（2分）

苔痕上阶绿，草色入帘青	居住环境	清幽宁静
谈笑有鸿儒，往来无白丁	（1）	高端儒雅
可以调素琴，阅金经	（2）	超凡脱俗

陋室 ————（左侧大括号）　　　　　不陋（右侧大括号）

　（1）_____

　（2）_____

4. 文中画线句运用了比兴手法。比，即比喻；兴，指先说别的事物，引出所吟咏的对象。下列诗句也运用这种手法的一项是( )（2分）

A. 结庐在人境，而无车马喧。

B. 孤山寺北贾亭西，水面初平云脚低。

C. 关关雎鸠，在河之洲。窈窕淑女，君子好逑。

D. 明月几时有？把酒问青天。不知天上宫阙，今夕是何年。

5. 结合本文和下面链接材料，简要分析陋室主人和颜回共同的生活态度。（4分）

链接材料

子曰："贤哉，回也！一箪食，一瓢饮，在陋巷，人不堪其忧，回也不改其乐。贤哉，回也！"

（选自《论语·雍也》）

答：_____

_____

_____

_____

_____

_____

阅读《醉翁亭记》（节选），完成下列各题。

醉翁亭记（节选）

欧阳修

若夫日出而林霏开，云归而岩穴暝，晦明变化者，山间之朝暮也。野芳发而幽香，佳木秀而繁阴，风霜高洁，水落而石出者，山间之四时也。朝而往，暮而归，四时之景不同，而乐亦无穷也。

至于负者歌于途，行者休于树，前者呼，后者应，伛偻提携，往来而不绝者，滁人游也。临溪而渔，溪深而鱼肥，酿泉为酒，泉香而酒洌，山肴野蔌，杂然而前陈者，太守宴也。宴酣之乐，非丝非竹，射者中，弈者胜，觥筹交错，起坐而喧哗者，众宾欢也。苍颜白发，颓然乎其间者，太守醉也。

已而夕阳在山，人影散乱，太守归而宾客从也。树林阴翳，鸣声上下，游人去而禽鸟乐也。然而禽鸟知山林之乐，而不知人之乐；人知从太守游而乐，而不知太守之乐其乐也。醉能同其乐，醒能述以文者，太守也。太守谓谁？庐陵欧阳修也。

1. 下列句子中加点词的解释有误的一项是（　　　）（2分）

A. 若夫日出而林霏开　　　　　林霏：树林里的雾气

B. 野芳发而幽香　　　　　　　野芳：山野的芬芳

C. 伛偻提携，往来而不绝者　　伛偻：弯腰曲背，这里指老人

D. 树林阴翳　　　　　　阴翳：形容枝叶茂密成荫

2. 下列句子中的"也"字，有的表示判断，有的表示陈述。请选出不同于其他三项的一项（　　　）（2分）

A. 颓然乎其间者，太守醉也。　　B. 太守归而宾客从也。

C. 往来而不绝者，滁人游也。　　D. 太守谓谁？庐陵欧阳修也。

3. 用"/"给下面的句子划分节奏。（只画一处）（1分）

醉能同其乐

4. 把文中画横线的句子翻译为现代汉语。（2分）

_____

5. 关于《醉翁亭记》的主题，历来有"忧虑说"和"闲适说"两种主要意见。你赞成哪一种？说说你的理由。（3分）

_____

_____

_____

_____

_____

阅读下面两则文言文，完成下列各题。

（一）

古之学者必有师。师者，所以传道受业解惑也。人非生而知之者，孰能无惑？惑而不从师，其为惑也，终不解矣。生乎吾前，其闻道也固先乎吾，吾从而师之；生乎吾后，其闻道也亦先乎吾，吾从而师之。吾师道也，夫庸知其年之先后生于吾乎？是故无贵无贱，无长无少，道之所存，师之所存也。

嗟乎！师道之不传也久矣！欲人之无惑也难矣！古之圣人，其出人也远矣，犹且从师而问焉；今之众人，其下圣人也亦远矣，而耻学于师。是故圣益圣，愚益愚。圣人之所以为圣，愚人之所以为愚，其皆出于此乎？爱其子，择师而教之；于其身也，则耻师焉，惑矣。彼童子之师，授之书而习其句读者，非吾所谓传其道解其惑者也。句读之不知，惑之不解，或师焉，或不焉，小学而大遗，吾未见其明也。巫医乐师百工之人，不耻相师。士大夫之族，曰师曰弟子云者，则群聚而笑之。问之，则曰："彼与彼年相若也，道相似也，位卑则足羞，官盛则近谀。"呜呼！师道之不复，可知矣。巫医乐师百工之人，君子不齿，今其智乃反不能及，其可怪也欤！

（选自韩愈《师说》）

1. 下列对句中加点词的解释，不正确的一项是（   ）（3分）

   A. 古之学者必有师　　　　　　学者：求学的人

   B. 今之众人　　　　　　　　　众人：许多人

   C. 授之书而习其句读者　　　　句读：断开句子的知识

   D 君子不齿　　　　　　　　　不齿：看不起

2. 对下列语句中加点的"其"字的用法和意义，解说不正确的一项是（   ）（3分）

   A. 其闻道也固先乎吾

   其：代词，指代"生乎吾前"的人。

   B. 其皆出于此乎

   其：代词，指代愚人成为愚人的原因。

   C. 爱其子，择师而教之

   其：代词，可译为"他自己的"。

   D. 今其智乃反不能及

   其：代词，可译为"他们的"。

3. 下列语句中的"师"字与例句中的"师"字意思和用法相同的一项是（   ）（3分）

   例句：师者，所以传道受业解惑也

   A. 吾从而师之　　　　　　B. 吾师道也

   C. 犹且从师而问焉　　　　D. 不耻相师

4. 下列对文中语句的翻译，不正确的一项是（   ）（3分）

   A. 道之所存，师之所存也

   翻译：哪里有道的存在，哪里就有我的老师存在。

   B. 于其身也，则耻师焉

   翻译：对于自己，却以从师学习为耻。

C. 句读之不知，惑之不解

翻译：不理解文句，不能解决疑惑。

D. 师道之不复，可知矣

翻译：不可再学习道理，就清楚明确了。

（二）

二十一日，宗元白：辱书云欲相师，仆道不笃，业甚浅近，环顾其中，未见可师者。虽尝好言论，为文章，甚不自是也。不意吾子自京师来蛮夷间，乃幸见取。仆自卜固无取，假令有取，亦不敢为人师。为众人师且不敢，况敢为吾子师乎？

孟子称："人之患在好为人师。"由魏晋氏以下，人益不事师。今之世不闻有师，有辄哗笑之，以为狂人。独韩愈奋不顾流俗，犯笑侮，收召后学，作《师说》，因抗颜而为师。世果群怪聚骂，指目牵引，而增与为言辞。愈以是得狂名，居长安，炊不暇熟，又挈挈而东，如是者数矣。

（选自柳宗元《答韦中立论师道书》）

[注] 挈挈（qiè）：急迫的样子。

5. 下列对句中加点字的解释，不正确的一项是（　　　）（3分）

A. 仆道不笃　　　　　仆：敬辞，您

B. 乃幸见取　　　　　取：取法

C. 仆自卜固无取　　　卜：估量

D. 人之患在好为人师　患：弊病

6. 下列对文段（二）语句的翻译，不正确的一项是（　　　）（3分）

A. 虽尝好言论，为文章，甚不自是也

翻译：虽然常常好发表一些言论，写一些文章，但很不敢自信。

B. 假令有取，亦不敢为人师

翻译：假使本人有可取之处，也不敢当别人的老师。

C. 世果群怪聚骂，指目牵引，而增与言辞

翻译：世俗之人果然群聚而以为怪事，纷纷咒骂，添油加醋地污蔑诽谤。

D. 愈以是得狂名，居长安，炊不暇熟

翻译：因此愈发得到了"狂"的名声，我居住在长安城中，连饭都来不及做熟。

7. 下列涉及两则文段的文学常识表述有误的一项是（　　　）（3分）

A.《师说》中的"说"是古代一种议论说明的文体，如《爱莲说》。

B. 唐代柳宗元与韩愈共同倡导古文运动，二人并称为"韩柳"。

C. 孟子是战国时期法家代表人物，被尊为"亚圣"。

D.《答韦中立论师道书》中的"书"是指书信。

8. 文段（二）中谈到"今之世不闻有师，有辄哗笑之，以为狂人"。这种社会现象在文段（一）也有类似的描述，请你找出这句话。（2分）

答：_____

_____

_____

_____

（一）阅读《六国论》（节选），完成下列各题。

六国论（节选）
苏 洵

六国破灭，非兵不利，战不善，弊在赂秦。赂秦而力亏，破灭之道也。或曰：六国互丧，率赂秦耶？曰：不赂者以赂者丧。盖失强援，不能独完。故曰：弊在赂秦也。

秦以攻取之外，小则获邑，大则得城。较秦之所得，与战胜而得者，其实百倍；诸侯之所亡，与战败而亡者，其实亦百倍。则秦之所大欲，诸侯之所大患，固不在战矣。思厥先祖父，暴霜露，斩荆棘，以有尺寸之地。子孙视之不甚惜，举以予人，如弃草芥。今日割五城，明日割十城，然后得一夕安寝。起视四境，而秦兵又至矣。然则诸侯之地有限，暴秦之欲无厌，奉之弥繁，侵之愈急。故不战而强弱胜负已判矣。至于颠覆，理固宜然。古人云："以地事秦，犹抱薪救火，薪不尽，火不灭。"此言得之。

齐人未尝赂秦，终继五国迁灭，何哉？与嬴而不助五国也。五国既丧，齐亦不免矣。燕赵之君，始有远略，能守其土，义不赂秦。是故燕虽小国而后亡，斯用兵之效也。至丹以荆卿为计，始速祸焉。赵尝五战于秦，二败而三胜。后秦击赵者再，李牧连却之。洎牧以谗诛，邯郸为郡，惜其用武而不终也。且燕赵处秦革灭殆尽之际，可谓智力孤危，战败而亡，诚不得已。

向使三国各爱其地，齐人勿附于秦，刺客不行，良将犹在，则胜负之数，存亡之理，当与秦相较，或未易量。

…………

夫六国与秦皆诸侯，其势弱于秦，而犹有可以不赂而胜之之势。苟以天下之大，下而从六国破亡之故事，是又在六国下矣。

1. 下列句子中加点字解释不正确的一项是（　　　）（3分）

A. 率赂秦耶　　　　　　　率：全都，一概

B. 思厥先祖父　　　　　　厥：代词，相当于"其"

C. 与嬴而不助五国也　　　与：和，跟

D. 洎牧以谗诛　　　　　　洎：等到

2. 下列对本文内容的理解和赏析不正确的一项是（　　　）（3分）

A. 第一段点明中心论点：六国破灭，弊在赂秦。然后从"赂者""不赂者"两个方面提出分论点，观点鲜明，逻辑严谨。

B. 第二、三段都巧妙地运用对比论证和比喻论证的手法，论证了"赂秦而力亏，破灭之道""不赂者以赂者丧"两个分论点。

C. 本文以古讽今，借分析六国破灭原因批判了北宋政府妥协苟安的外交政策，揭示了一味屈膝求和必然招致灭亡的后果。

D. 本文是经典的史论文，全文既有理性的分析、论说，又始终贯穿着一种沉痛激切的情绪，蕴含着作者心系天下的情怀。

3. 将下面的语句译为现代汉语。（3分）

苟以天下之大，下而从六国破亡之故事，是又在六国下矣。

夫秦之所与诸侯争天下者，不在齐、楚、燕、赵也，而在韩、魏之郊；诸侯之所与秦争天下者，不在齐、楚、燕、赵也，而在韩、魏之野。秦之有韩、魏，譬如人之有腹心之疾也。韩、魏塞秦之冲，而蔽山东之诸侯，故夫天下之所重者，莫如韩、魏也。……

秦之用兵于燕、赵，秦之危事也。越韩过魏，而攻人之国都，燕、赵拒之于前，而韩、魏乘之于后，此危道也。而秦之攻燕、赵，未尝有韩、魏之忧，则韩、魏之附秦故也。夫韩、魏，诸侯之障，而使秦人得出入于其间，此岂知天下之势耶？委区区之韩、魏，以当强虎狼之秦，彼安得不折而入于秦哉？韩、魏折而入于秦，然后秦人得通其兵于东诸侯，而使天下遍受其祸。

（选自苏辙《六国论》）

4. 下列句子中加点字意义和用法相同的一项是（　　　）（3分）

A. 然则诸侯之地有限　　　秦之用兵于燕、赵

B. 以地事秦　　　以当强虎狼之秦

C. 是故燕虽小国而后亡　　　而使秦人得出入于其间

D. 其势弱于秦　　　韩、魏折而入于秦

5. 苏辙认为六国破灭的原因是什么？请根据文意简述。（3分）

_____

_____

_____

阅读下面两则文言文，完成下列各题。

甲

及至始皇，奋六世之余烈，振长策而御宇内，吞二周而亡诸侯，履至尊而制六合，执敲扑而鞭笞天下，威振四海。南取百越之地，以为桂林、象郡；百越之君，俯首系颈，委命下吏。乃使蒙恬北筑长城而守藩篱，却匈奴七百余里；胡人不敢南下而牧马，士不敢弯弓而报怨。于是废先王之道，焚百家之言，以愚黔首；隳名城，杀豪杰；收天下之兵，聚之咸阳，销锋镝，铸以为金人十二，以弱天下之民。然后践华为城，因河为池，据亿丈之城，临不测之渊，以为固。良将劲弩守要害之处，信臣精卒陈利兵而谁何。天下已定，始皇之心，自以为关中之固，金城千里，子孙帝王万世之业也。

始皇既没，余威震于殊俗。然陈涉瓮牖绳枢之子，氓隶之人，而迁徙之徒也；才能不及中人，非有仲尼、墨翟之贤，陶朱、猗顿之富；蹑足行伍之间，而倔起阡陌之中，率疲弊之卒，将数百之众，转而攻秦；斩木为兵，揭竿为旗，天下云集响应，赢粮而景从。山东豪俊遂并起而亡秦族矣。

且夫天下非小弱也，雍州之地，崤函之固，自若也。陈涉之位，非尊于齐、楚、燕、赵、韩、魏、宋、卫、中山之君也；锄耰棘矜，非铦于钩戟长铩也；谪戍之众，非抗于九国之师也；深谋远虑，行军用兵之道，非及乡时之士也。然而成败异变，功业相反也？试使山东之国与陈涉度长絜大，比权量力，则不可同年而语矣。然秦以区区之地，致万乘之势，序八州而朝同列，百有余年矣；然后以六合为家，崤函为宫；一夫作难而七庙隳，身死人手，为天下笑者，何也？仁义不施而攻守之势异也。

（选自《过秦论·上》）

乙

秦王足己而不问，遂过而不变。二世受之，因而不改，暴虐以重祸。子婴孤立无亲，危弱无辅。三主之惑，终身不悟，亡不亦宜乎？当此时也，也非无深谋远虑知化之士也，然所以不敢尽忠指过者，秦俗多忌讳之禁也，——忠言未卒于口而身糜没矣。故使天下之士倾耳而听，重足而立，阖口而不言。是以三主失道，而忠臣不谏，智士不谋也。天下已乱，奸不上闻，岂不悲哉！

先王知雍蔽之伤国也，故置公卿、大夫、士，以饰法设刑而天下治。其强也，禁暴诛乱而天下服；其弱也，王霸征而诸侯从；其削也，内守外附而社稷存。故秦之盛也，繁法严刑而天下震；及其衰也，百姓怨而海内叛矣。故周王序得其道，千余载不绝；秦本末并失，故不能长。由是观之，安危之统相去远矣。

（选自《过秦论·下》）

1.下列对句中加点字的解释，不正确的一项是（　　）（3分）

A. 奋六世之余烈　　　　　　　奋：振兴

B. 收天下之兵，聚之咸阳　　　兵：军队

C. 三主惑而终身不悟　　　　　惑：糊涂

D. 以饰法设刑，而天下治　　　　治：安定

2. 下列各组语句中，加点字的意义和用法都相同的一组是（　　　）（3分）

A. 乃使蒙恬北筑长城而守藩篱　　　良乃入，具告沛公

B. 因河为池　　　　　　　　　　　因而不改

C. 雍州之地，崤函之固，自若也　　若入前为寿

D. 及其衰也　　　　　　　　　　　吾其还也

3. 根据文意，下列理解与推断，不正确的一项是（　　　）（3分）

A. 从甲文可知，秦始皇认为愚民、弱民、防民能确保自己的子孙后代万世称帝。

B. 甲文中，作者揭示秦朝灭亡原因的意图在于劝勉当时的统治者能够施行仁义。

C. 乙文中，作者认为皇帝不闻忠言并因而不能改过是导致秦传三世而亡的原因。

D. 乙文中，作者指出周朝能传千余年的根本原因是能做到"禁暴诛乱"与"内守外附"。

4. 把下列句子翻译成现代汉语。（4分）

（1）天下云集响应，赢粮而景从。（2分）

（2）天下已乱，奸臣不上闻，岂不哀哉！（2分）

5. 对比的运用增强了《过秦论》的说服力。请从甲、乙两文中各举一处运用对比的例子，简析其作用。（6分）

2018年北京市中考语文真题

1. C

2. 乙

3. 诸葛亮在《出师表》中称为报先帝遗愿，已经平定南方并即将北伐，以便早日铲除奸雄，恢复汉朝基业。此外他还用恳切的话语劝勉后主"亲贤臣，远小人"，论述至情至理，体现他心系国家命运，对国事鞠躬尽瘁，直言进谏，耿直不讳的精神。在《旧唐书·魏征传》中提到魏征刚直不阿，治国有方，为君主上书的谏言多达200则，可见对国事的用心负责。岳飞则是表达了消灭蛮夷，平定动乱局势以安君主的一片忠心，由此可见他始终把为国尽忠放在第一位。

2020年山东枣庄中考语文真题

1.（1）迫近；（2）国都；（3）告诉；（4）理解。

解析：（1）句意为：傍晚天色昏暗。薄：迫近。

（2）句意为：离开国都、怀念家乡。国：国都。

（3）句意为：我告诉你怎样游说。语：告诉。

（4）句意为：别人理解也安详自得。知：理解。

2. B

解析：A. 前句句意：在朝廷上做官时，就为百姓担忧；其：代词。后句句意：穷困就独善其身；其：代词。选项加点字意义和用法相同。

B. 前句句意：我曾经探求古时品德高尚的人的思想感情；之：的。后句句意：别人理解也安详自得；之：代词。选项加点字意义和用法不同。

C. 前句句意：处在僻远的地方做官则为君主担忧；则：就。后句句意：显达就兼善天下；则：就。选项加点字意义和用法相同。

D. 前句句意：那真是快乐高兴极了；矣：表示感叹。后句句意：尊崇道德，喜爱仁义，就可以安详自得了；矣：表示感叹。选项加点词意义和用法相同。

故选 B。

3.（1）登上这座楼啊，就会感到胸怀开阔，精神爽快，荣耀和屈辱一并忘掉。

（2）所以士人穷困时不丧失（失掉）义，得志时不背离（背弃）道。

解析：解答时一定要先回到语境中，根据语境读懂句子的整体意思，直译为主，意译为辅。并按现代汉语的规范，将翻译过来的内容进行适当调整，达到词达句顺。

（1）句中重点词：则，就。偕，一同。

（2）句中重点词：故，所以。失，丧失。离，背弃。

4. 洞庭风雨图；心旷神怡、遗忘得失宠辱的乐观（或"喜悦"）。

解析：解答此题需在通晓全文大意的基础上来分析。结合第一段内容，从"若夫淫雨霏霏，连月不开，阴风怒号，浊浪排空，日星隐曜，山岳潜形，商旅不行，樯倾楫摧，薄暮冥冥，虎啸猿啼"中可知，描绘了洞庭风雨图；结合第二段内容，从"登斯楼也，则有心旷神怡，宠辱偕忘，把酒临风，其喜洋洋者矣"中可知，表现了心旷神怡、遗忘得失宠辱的乐观之情。

5. 范仲淹：先天下之忧而忧，后天下之乐而乐。

孟子：穷则独善其身，达则兼善天下。

解析：结合甲文内容，从"是进亦忧，退亦忧。然则何时而乐耶？其必曰'先天下之忧而忧，后天下之乐而乐'乎"中可知，范仲淹的天下观是：先天下之忧而忧，后天下之乐而乐。结合乙文内容，从"古之人，得志，泽加于民；不得志，修身见于世。穷则独善其身，达则兼善天下"中可知，孟子的天下观是：穷则独善其身，达则兼善天下。

2020 年北京市中考语文真题

1. D

解析：A. 觐见、见识、遇见、见解；

B. 信用、信用、音讯、随手（信手）；

C. 乘坐（一辆战车）、乘着、趁着、趁着；

D. 均指"军队"。

故选 D。

2.甲

解析：（乙）中的"判断齐军撤走了伏兵"错误，"惧有伏焉"意思是"恐怕（齐军）设伏"，并非齐军真的设了伏兵。

3.弦高本是郑国普通商人（位卑），却在秦军侵略郑国时挺身而出，以他的智慧和财产令秦军撤退，保住了郑国。卜式作为普通百姓，虽无为官的才能与意愿，但也愿意捐出一半家产资助边防事业，为国家贡献自己的力量。

【材料一参考译文】

秦穆公派出军队攻打郑国，（军队）经过周国向东进发，郑国商人弦高去西边卖牛，在周郑两国之间的路上遇到了秦国军队，于是就假托郑伯的命令，用十二头牛犒劳秦军，以礼相待，使秦军退去(指让秦军怀疑郑伯已做好防守准备)，用这样的方法让郑国得以保全。

【材料二参考译文】

当时（指汉武帝时期）汉军正在边疆抵抗匈奴入侵，卜式向皇帝上书，希望交纳一半的家财来资助边疆战事。皇帝派使者去问卜式："你想做官吗？"卜式回答说："我从小放羊，不熟悉为官之道，不想做官。"使者又问："先生您想要什么呢？"卜式回答说："天子想要诛杀匈奴，我认为贤人应该因节操（指为国而战）不顾性命，有钱财的人应该上缴钱款，这样一来匈奴就会被消灭了。"

2021年重庆市中考语文试题A卷

1.D

解析：本题考查一词多义。

A.名：名贵／出名；　　　　B.食：吃／通"饲"，饲养；

C.道：正确的方法／道路；　　D.临：都是面对的意思。

故选D。

2.（1）想要与普通的马相等尚且办不到，又怎么能要求它日行千里呢！

（2）真的没有千里马吗？其实是他们真的不识千里马啊！

解析：本题考查的翻译能力。直译为主，意译为辅。

（1）重点字词：且，犹，尚且；欲，想要；等，等同，一样；安，怎么，哪里。

疑问代词；求，要求。

（2）重点字词：第一个"其"，难道，表反问语气；第二个"其"，大概，表推测语气；邪，同"耶"，表示疑问的语气词，意为"吗"；知，懂得，了解，认识。

3. A

解析：本题考查的是对文章内容的理解与分析。

B项有误。根据"是马也，虽有千里之能，食不饱，力不足，才美不外见"分析，千里马"才美不外见"的原因是"食不饱，力不足"；

C. "鄙视与反抗"有误，文中没有此意思；

D. "记叙了千里马日行千里的故事"有误。本文是一篇议论文。

故选A。

4. 相同点：爱惜人才（或：重视人才）。

不同点：韩愈认为人才多，但识才者少，呼吁要善于识别人才；张九成认为人才难得。

解析：本题考查对比分析。在理解内容的基础上分析。《马说》通过论述世上存在着千里马，而伯乐却很少有的情况，来表达出作者自己面对怀才不遇的境遇的愤懑与无奈之情，希望统治者善于识别人才，重视人才。也侧面揭露在封建社会中，统治者不识人才、埋没人才的社会现象。根据张九成诗中"如闻失一士，每食不下咽。人才何其鲜，求一于百千"分析，他认为人才稀有，要重视人才。据此写出异同点即可。

2021年重庆市中考语文试题B卷

1. B

解析：本题考查一词多义的理解。

A. 舍弃 / 屋子；　　　　　　B. 从前 / 从前；

C. 类 / 同"嘱"，嘱咐；　　　D. 向、对 / 成为。

故选B。

2. （1）田间小路交错相通，村落间鸡鸣狗叫之声都处处可以听到。

（2）他们（桃源人）问现在是什么朝代，竟然不知道有过汉朝，更不必说魏晋了。

解析：本题考查翻译文言句子的能力。翻译时，遵循"字字有着落，直译为主，意译为辅"的原则，抓住句中关键词进行翻译，还要注意有无特殊句式。本题中重点词有：

（1）阡陌：乡间小路；交通：交错相通；

（2）乃：竟然；无论：不要说，更不必说。

3. C

解析：本题考查对文章内容的理解。

C. 文章结尾写刘子骥"欣然规往"，但是"未果"。文章最后把与作者同时代的人物写进去，渲染了作品真真假假的气氛。"欣然规往，未果，寻病终"暗示了桃花源实际上是不存在的。选项中"本文记述的是一个真实的故事"表述错误，故选 C。

4. 桃源人的生活是因为躲避了战乱，与世隔绝；滁人是因为朝廷实行了休养生息的政策。

解析：本题考查对文章内容的理解和对比分析。由题干可知要分析两文中人们能过上安居乐业生活的原因。《桃花源记》中桃源人向渔人解释"先世避秦时乱，率妻子邑人来此绝境，不复出焉"，可见他们为了躲避战乱，过上了与世隔绝的生活，这里没有战争，自给自足，所以人们生活安居乐业；链接材料中"而孰知上之功德，休养生息，涵煦于百年之深也"的意思是哪里知道这样的生活是皇上的功德，让百姓休养生息，滋润化育到一百年之久呢！可以看出，滁人过上安居乐业、丰衣足食的生活是因为朝廷采用了休养生息的治国政策。

2021 年吉林省中考语文真题

1. 刘禹锡

解析：考查文学常识。《陋室铭》是唐代诗人刘禹锡所创作的一篇托物言志骈体铭文。刘禹锡（772—842），字梦得。唐朝时期大臣、文学家、哲学家，有"诗豪"之称。

2. A

解析：A.有仙则名：有仙人居住就有盛名。名：有名，出名。故选 A。

3.（1）交往人物 　　（2）日常生活

解析：考查理解文章内容。"谈笑有鸿儒，往来无白丁"写室中人，侧重写与朋友的交往，借以显示作者身份的高贵和性情的高雅。"可以调素琴，阅金经。无丝竹之乱耳，无案牍之劳形"等句写室中事，表现身居陋室的雅趣，足见作者行事不陋。"调素琴，阅金经"，见出陋室生活之清雅。

4.C

解析：C项"关关雎鸠，在河之洲。窈窕淑女，君子好逑。"以关雎鸟相向合鸣，相依相恋，兴起淑女陪君子的联想。运用了比兴的手法。故选 C。

5.陋室主人借写陋室不陋抒写自己志行高洁，不与世俗同流合污的意趣。颜回箪食瓢饮，居陋巷，却勤奋好学，不改其乐。这些都表明了他们都具有安贫乐道的生活态度。

解析：考查比较阅读。《陋室铭》是一篇托物言志的铭文。文章通过写陋室环境的清幽、交往人物的高雅、日常生活的超凡脱俗，表现了作者不与世俗同流合污，洁身自好、不慕名利的生活态度，表达了作者高洁傲岸的情操，流露出作者安贫乐道的隐逸情趣。链接材料中，颜回"一箪食，一瓢饮，在陋巷"，别人都不能忍受这种穷困清苦的生活，颜回却不改变他爱好学习的乐趣。同样也表现了他的安贫乐道的高尚品质。

2021 年湖南常德中考语文真题

1. B

解析：本题考查的是对文言文实词的理解。

B.错误，句意：野花开放，有一股清幽的香味；野芳，野花开放；芳，花。故选 B。

2. B

解析：本题考查对虚词的辨析。

ACD 三项的"也"都是表示判断。

B.表示陈述，故选 B。

3.醉 / 能同其乐

解析：本题考查学生划分文言句子节奏的能力。文言语句的节奏划分一般以句意和语法结构为划分依据，一般来说，主谓之间应该有停顿，句中领起全句的语气词后应该有停顿，几个连动的成分之间也应该有停顿。所以划分句子节奏时，除了要考虑句子的意思，还要考虑句子的结构。此题根据文意，太守醉了能够和大家一起欢乐，即可推断出正确答案：醉 / 能同其乐。

4. 到溪边钓鱼，溪水深并且鱼肉肥美。

解析：本题考查文言文的翻译。翻译时，必须遵循"字字有着落，直译、意译相结合，以直译为主"的原则。注意关键词和句式。本题中的关键词：临，来到；渔，捕鱼、钓鱼。

5. 示例："闲适说"。选文描写醉翁亭变化多姿的自然风光和游人的山水之乐、游宴之乐、禽鸟之乐，表现出太守"乐民之乐"的胸怀，充满了士大夫悠闲自适的情调。

解析：主观性试题，答案不唯一。选择一种说法，合理阐述理由，语句通顺流畅即可。

示例：（1）"忧虑说"。《醉翁亭记》作于宋仁宗庆历六年（1046），当时欧阳修正任滁州太守。欧阳修是从庆历五年被贬官到滁州来的。欧阳修在滁州实行宽简政治，发展生产，使当地人过上了一种和平安定的生活。年丰物阜，而且又有一片令人陶醉的山水，这是使欧阳修感到无比快慰的。但是当时整个的北宋王朝却是政治昏暗，奸邪当道，一些有志改革图强的人纷纷受到打击，眼睁睁地看着国家的积弊不能消除，衰亡的景象日益增长，这又不能不使他感到沉重的忧虑和痛苦。

（2）"闲适说"。选文围绕一个"乐"字展开，变化多姿的自然风光是抒发"得之心"的乐；写游人不绝路途，是表现人情之乐；写酿泉为酒，野肴铺席，觥筹交错，是表达"宴酣之乐"；写鸣声宛转，飞荡林间，是显示"禽鸟之乐"，更是为了表现太守自我陶醉的"游而乐"。作者极力写出滁州人民的和平生活怡然自乐和众宾尽欢的情态，抒发了作者寄情山水的闲适优雅的情致，也反映了这位北宋政治家在遭贬后悠然自得的旷达情怀。

2021北京顺义高一上册语文期末试题

1. B

解析：本题考查学生理解文言实词意义的能力。

B. "众人"，普通人，一般人，古今异义词语。故选B。

2. B

解析：本题考查学生理解文言虚词用法和意义的能力。

B. "其"，副词，大概。故选B。

3. C

解析：本题考查学生理解文言实词意义和用法的能力。

例句中"师"，名词，老师。

A. "师"，意动用法，"以……为师"，向……学习。

B. "师"，名词活用为动词，学习。

C. "师"名词，老师。

D. "师"，动词，学习。

故选C。

4. D

解析：本题考查学生理解并翻译文言句子的能力。

D. "师道之不复"译为"跟随老师学习的风尚没有恢复"。故选D。

5. A

解析：本题考查学生理解文言实词意义的能力。

A. "仆道不笃"译为"我的道德修养不深"；"仆"，谦辞"我"。

故选A。

6. D

解析：本题考查学生理解并翻译文言句子的能力。

D. 译为"韩愈因此得到了狂人的名声，他住在长安，煮饭都来不及煮熟"。可见"愈"，指"韩愈"；"居长安"前省略的是"韩愈"，译为"他"。故选D。

7. C

解析：本题考查学生识记古代文化常识的能力。

C. "孟子是战国时期法家代表人物"错误，孟子为儒家代表。故选 C。

8. 士大夫之族，曰师曰弟子云者，则群聚而笑之。

解析：本题考查学生比较分析文言文的能力。

题干问是两篇文中的相近语句，分层理解并根据翻译来确定答案。先理解分析文段（二）的句意，再看文段（一），第 1 段提出中心论题，并以教师的职能作用总论从师的重要性和择师的标准；第 2 段批判不重师道的错误态度和耻于从师的不良风气，这一段用对比的方法分三层论述。第一层，把"古之圣人"从师而问和"今之众人"耻学于师相对比，指出是否尊师重道，是圣愚分野的关键所在；第二层，以为子择师而自己不从师做对比，指出"小学而大遗"的谬误；第三层，以巫医、乐师、百工之人与士大夫之族做对比，批判当时社会上轻视师道的风气。答案就在文段（一）的第三层"士大夫之族，曰师曰弟子云者，则群聚而笑之。问之，则曰：'彼与彼年相若也，道相似也，位卑则足羞，官盛则近谀。'"题干要求一句话，确定答案为"士大夫之族，曰师曰弟子云者，则群聚而笑之"。

2021 年北京丰台高二上册语文期末试题

1. C

2. B

3. 译文：如果凭借偌大的天下，自降身份追随六国灭亡的前例，这就又在六国之下了。

评分标准："苟""下""故事""是"翻译准确，各 0.5 分；整句通顺，不改变原意，1 分。

4. C

5. 没有认识到韩、魏两国在地理位置上的战略重要性（1 分）。让韩、魏两国去抵挡强大的秦国而不去协助他们，使其不得不依附于秦国（1 分）。最终使秦兵得以自由出入韩、魏，从而攻打其余四国（1 分）。

2021 年北京房山高二上册语文期末试题

1. B

解析：兵：兵器，武器。

2. A

解析：A. 于是，就，副词；　　　B. 凭借，介词 / 沿袭，动词；

C. 像，动词 / 你，代词；　　　D. 它，代词 / 还是，副词。

3. D

解析：根据文意，作者认为周王朝能传续千余年的根本原因是能"置公卿、大夫、士，以饰法设刑"，从而有助于听到天下之士的忠言，避免"壅蔽之伤国"。

4.（1）天下人像云一样聚集起来，如回声似的应和陈涉，担着粮食如影子般跟从他起义。（2分）

（2）天下已经动乱，弄权误国的臣子却不让皇帝知道现状，难道不悲哀吗？（2分）

评分建议：（1）"云""响""赢""影"翻译正确，并且语意准确，句子通顺，2分；

（2）"乱""上""闻""岂"翻译正确，并且语意准确，句子通顺，2分。

5. 答案示例

甲文："深谋远虑，行军用兵之道，非及乡时之士也"（1分），从作战谋略上将陈涉与前文提及的九国谋士做对比（1分），突出表现秦朝灭亡的原因不是陈涉的谋略高明，而是秦朝的统治者不施仁义（1分）。

乙文："故秦之盛也，繁法严刑而天下震；及其衰也，百姓怨望而海内叛矣"（1分），将秦国自身强盛与衰弱时天下的反应做对比（1分），突出表达了秦朝统治者不改变言路不通的现状从而导致不能长治久安的恶果（1分）。

评分建议：能举出运用对比手法的例句（1分），能指明对比的双方（1分），能简述其作用（1分），意思对即可；选用其他运用对比手法的例句，分析恰当亦可得分；甲、乙两文的例子，各3分。